Terminen talvi

nurinperinsuruja, hanaelämänvettä

Jenni Grönqvist

Kustantaja: BoD – Books on Demand, Helsinki, Suomi
Valmistaja: BoD – Books on Demand, Norderstedt, Saksa
ISBN: 978-951-568-078-5

I

Päivät, pilvet, yöt

Päivät kuin päästä vedettävät sängyt
himmeän väriset peiteleivokset, keoiksi kasatut
unelmat
melkein valoisa paikka olla

kerron nämä samat kaikille

Tummii, päivä kouristuu kuin kämmen
unelmat revitään rikki, lattian kansa varjoutuu
nurkkiin,
käy hahmoiksi uniin, kuiskii iholla, lihaistaa pelot

Kerjuulla roikkuva elämä, pilvet,syvänmustat
lammikot poskien päällä,

ja niiden ohi kuten aamulla painajainen, leivosten
hetki

kerron senkin kaikille, ratkeilen sanoja
saumoista

Kauniit perheet

Kauniit perheet
asuvat taloissa
joiden pihalla yksi polkupyörä makaa,
muut seinää vasten

keittiöissä
muruja
vaaleaa, tummaa

Onnelliset perheet katsovat iltaisin ruutuja

huoneissaan

hiljaa

sunnuntaiaamuna olohuoneen ikkunan vieressä

sanoo perheelleen

lumen pudotti

Piti

Piti istua kaksin missä

kiire olisi keitetty kahviksi

kukaan ei solmisi maton päissä luikertelevia lankoja
leteiksi

letittämätön kaksin juotu kahvi

pompitut hangella

meistä pois

Se piti olla.

Kuolla voi niin monella tapaa

Käsi silittää ohi

poskenrajaa, niskaa

kai minua, kai jotain muuta

Katse kulkee ohi

käsiini tai niistä pois

mitä olet tehnyt tai ollut tekemättä

ei se kuka olen,

tulen olemaan,

haluaisin olla,

halusin olla

Ei ken vaan se

joka

Ääni kuuluu

ne kaiut, jotka kenenkin korviin tarttuvat

tuulikellon kilinää

ääntä kyllä, ei juuri muuta   siis   ketään

Kuolla voi niin monella tapaa.

Fyysinen on niistä helpoin.

Se kenelle ei soiteta

Olen kuu
olen tähti
riippunutta lihaa
hiki
halu, joka lähti

Olen maalaus kuolevine silmineen
ohimenevä ajatus, jossa kävellään jokeen
syleilyn kokoinen kolo sielun ullakolla
se kenelle ei soiteta

ja silti

Olen

Kihartuu

Auratut urat, askelten raiteet

viettyvä katu
puiden nokat kohti ja ohi

raiteiden yli viedyt rattaat, katkotut urat

yksi tasainen tai monta mutkittelevaa
yhä viettyvä tie,
viettelevä rattaan jälki
kihartuu
tie kävelee

Lauseet, jotka alkavat Ja

Ei sanoja
paitsi Ne
joita ei lausuta
ei kuulla

Eikä lauseita
paitsi Ne
jotka ehkä alkavat
ehkä eivät koskaan pääty
sekä ne, joilla ei ole alkua eikä loppuakaan
vain keskivartalo,
kiinteä ja tiivis

Ja
tietysti ne
jotka päättyvät sanaan
Ja

On tilaa odottaa

tilaa jatkaa

katsoa kauas

sinne missä ei näy rantaa

eikä metsää puilta

Tai

paljon muutakaan

Nilkat

Kaivatun lämmön nopea loppu

saa raivoepidemian sinnekin

missä eilen sykki

Näpit irti huutaa tummatukkainen tyttö englanniksi

hartioistaan kupertuva poika kumartuu

vaistomaisesti

mäkäräisten alle, ja käden

Pyöräilevät nuoret syövät poskiaan

etäältäkin

näkee

ihokarvojen sotivan talvea vastaan

vihan nousevan

Ilmassa on samaa ennettä

kuin päälle heitetyissä riisinjyvissä,

jotka kohta kohtaavat maan

kuolettuvat sinne kiviksi

taittavat haaveet

sukkien kautta nilkkoihin se tulee ensin

talven kutina

Huopaus

Soudetaan kiikkutuoleilla
lupasit
talutan läpi pimeän
nukkumaan

rintakehän kaari
yökutina jalassa
pyjama jonka ostin
flanellimekko
punainen pitsi

sängyn puolikas minun selälle tehty
maitolasikaappi koska halusin
huopaviltti päiväpeittona

huopaus

Tikitiki

Älä piekse suutasi
tavasin postisi
salaa

Kissankellokaulat
Kuolleen miehen kellon tikitys

sivuovi
sopivampi tapa kadota
ikitikitys otsalla
nielu täynnä nyrkkejä

Pieni kuolema

Nukkainen nalle Mulle
rosterikattila Sulle

excelissä lukee
kuusi kappaletta viinilaseja

häälahjaksi saatu picnic-kori
kurkkii kasojen takana
huutaa
Olisin ollut kaunis täynnä rypäleitä ja kakkuja

ikkunan välissä kärpäsen raato
pyyhin hiljaa pölyn eteisen tasolta
silitän kotini kuolleeksi

Poistuma - Exit

Miksi kutina on aina siellä

mihin ei yllä

tai mitä ei enää ole

amputoidut unelmat

siiven tyngät

kuolleiden ystävien kodit sydämen keskellä

tuokin tyhjyyden mentävä aukko

kuoleman muotoinen kulkureitti

se mikä kerran oli

Elämä

ja tiivistys vielä kaikesta;

alku ja loppu.

Välissä jotakin muotoutuvaa

ehkä juuri alkavaa

ehkä juuri loppuvaa

II

The Family

Valokuvakehys The Family
sinikettulakit lapsena
punaiset posket
pojassa näköä

Suku-siamilaisten erotusleikkaus
älkää enää soitelko

Tässä toinen tenavista jo seisoo
isälläs oli villi karvalakki
viimeiset yhteiset naurut
    kuvien pussitus
        anoppi-sanan unohtaminen

The Family
Truncated

Valuu korvista

Ihminen kuin laukeamaton räjähde
viha valuu korvista
älä tule kohti
älä ole nyt

lyyrikot parkuu
kaikki tarvii sylin
mutta joskus
vain pahki ajettavan seinän

ihminen kuin siemen
viha tihkuu iholta
älä tule kohti
älä kylve nyt

Sanansaattajaeläin

Syliin kieputettu metafora

olosta

perheenä

perheenäolon olosta kolosta kodista

turkin mittainen elämä

elämän mittainen matka

päätös jo ennen päätepistettä

piste

Turkis on murhaa!

kyynel pehmeyden ilmentymä

pehmeän turkin nieltävä vesi

poisnuoltava elämä

Surun kielioppi

Minä

,

Sinä

,

He

niin me erotumme sivu ja päälauseeksi

kuka keneksikin miksi

Sinä, he

Minä, he

Me, me

He, he

Te, te

Pahveihin

Lahjaksi saatu mehiläisvahavoide, metallikissan
häntään pujotettu sormus, meripihkakoru, kaapin
takaa löytynyt tuntemattoman valokuva, pariton
valkea sukka, elefanttikoru, sukkahousupaketti,
Elovena-esite, Praha-avaimenperä, rikkinäinen
nilkkakoru, hajonnut laturi, kasa sinitarraa, kumi-
nauhasykkyrä, silkkipaperia, sähkölaitosheijastin,
ruma oranssi tuubihuivi, valonkatkaisin, mikä tämä on

Kuolleiden tavaroiden hautausmaa

Uloskaivautuminen

Kolmet mustat käytännölliset
kullanväriset
yhdet pinkit Ainot
Me tultiin muuttamaan sut

Laatikkonaurua
paperimukikahveja
jossain vaiheessa voi jo kävellä kengillä
Sie lähet Nyt

Tuon tapetin repi kissa pentuna
Tähän lapsi pissasi
Tämän kaapin täytin astioilla ensin
Tärinäitkumetelisoppa

Ei o osun koti enää, ylös

Lähtö

Olin sulle hyvä

kerrot

kainaloosi

Seinä ottaa kiinni

Niska nyrjällään

kuperrun ulos

katoan lämmitetylle penkille ovaalin muotoisena

myttynä

peruutuspeili antaa tulvivaan ojaan

Tekstiviesti surraa

onko se ohi

Hurraa

täh

Tuuli keräilee sadetta

ilkamoi

Jätesäkkikoti

Hammasharjaunohdus

riips raaps aamu

väärä piha

peruuttaen kuljettu kotimatka töihin

riips raaps iltapäivä

yksi purkki, takaisin laitettu leipä, jokin pinkki
hedelmä

oikea piha, väärä!

jätesäkkikoti   pahvilaatikkoaterinralli
rälläköitävä purkki kuolemalta maistuvaa
syvänmerenkalaa

hanaelämänvettä

Herääminen

Herääminen olisi.

Huone soittaa sinfoniaa pienimmän koskettimilla
tahtomattaankin taivuttaa päätä puoleen,
mustien öiden kumma tanssiinkutsu kahdelle.

Herääminen on.

Tyhjien huoneiden läpi kummitteleva haaleus
kitkerän hiljaisuuden sakea pimeys,
yksi käsi lyö kaaren ilmaan

Arjenjälkeinen Arki

Myytkö ton mulle
kyselee
oman ostoksensa perään

kiikuttaa radion takaisin
tää oli sun
ja takaisin takaisin
excelin mukaan mennään

Sähkön kilpailutus
        ensi vuonna
palovaroittimen asennus
eteisen plafondiin valo
        väsyttää

vain Se Oikea
voi avata hillopurkit yhdellä yrittämällä

Rannalle

Melanoomaa pakoon
            rannalle
ota pois
raiskaa valolla

Ja

        Katseita

En.

    Tunne.

        Ole.

            Näkevinään.

Aurinkorasva

Testamentti

Kipeyden kirje

Melkein nukuttu elämä

Yön kipein tunne, kuumoutuminen iholle ja takaisin

Kuoppa keskellä rintaa   varvastushakuretki
laidan äärelle

Hiljaisuuskipu, aavehengitys tyhjällä tyynyllä

Tuonne noin notkojen taa,

Kuolevan puhetta muistin loputtomasta
kattilakaapista

Talon, jossa ei enää laiteta ruokaa, pölyinen kätkyt

Peiton paikka on meidän välissä

Sen taakse uppoaisit ihan hyvin

Luomileimasin katoava hetki   melkein nukuttu
elämä

III

Eron lyriikka

Tiivistän ihoni

Nyt se tulee

Mä annan sut pois

Pimeä sali itken

jumppatossujen päälle

Mä päästän sut pois

mambo

sivulaukka

Vaikka sattuu

Keskikesän juhla

Musta sukka 37
paritettu
sukkaan 42, kynnen kohdalla reikä
It's been seven hours and fifteen days

kuusi pitkää kuukautta
ovikellon patteri oli sittenkin toimiva
kuumeessa ihon hively
whatsuppiin teksti
Cancel
ei kuulu välittää
Since you've been gone

Pizzaa tonikalalla ja banaanilla
kissankakkakahvia
ruusukuvioiset servetit
vhdoinkin uusi fööni

petaamaton peti

I can do whatever I want

koitan kasata särkyneen vaasin

liimaan sormen kiinni terassiin

puu pitelee lehtiään

Verkkojen pariutuminen

Säpsäytys unesta tänne;
verkko ei mene verkosta läpi.

hiusverkko, kanaverkko, tietoverkko

Tuhnutietous, tämä piti tietää,
tuoda unesta ja sinne, sivaltaa

ne eivät mene toistensa läpi, suostu sisäkkäin,
sovi toisilleen

Burgundiveri

Tiskiharja saa tuta

Olit

Siinä. Talossa.

Kannoinko

Edelliset

Rasvat

kirottu burgundi

punaviiniveri

Hopean kiillotus

Sinä aamuna haisi liotettu hopea
nyin pihdeillä karvoja
itsestäni
veteen suolaa,

haavoihin

blondi kuin abban laulaja
kermaa kaulallaan
ja kädet, joilla ei kuorita perunoita

miksi vitussa ihoni
vanhenee
miksi en
kiillotu kuten hopea
vaikka kuinka paskassa uitetaan

Aavistus

Farkkukankaan uholla
iholla
laulu

kynsiin maalattu
mariannekarkki

äkkiä
sade vilvoittaa, pesee

Kesä, vaikka kevät
Talvi, vaikka syksy

Ranneviiltoradioiltamat

Aalto pukkaa
ranneviiltolauluja
kokeilen rokkia

puhuu sinun äänellä
kynteni irtoaa repimättä
puukotan sillä verisuonta
se ei pakene kuten minä

Kahvin loppu on uuden alku
suodatinpussina paskapaperikäärö

tältäkö maistuu elämä

Terminen talvi

Se alkaa kuulemma huomenna
julistavat viisaammat

Takkien takaa
tipahtaa
kuitti muuttopäivältä

kahvipaketti
ruisrevitty
Valion voita
fasupaloja vaniljatäytteellä

Puen takin
sovittelen uutta vuodenaikaa ilman
puristeita sormissa

villahuivi voisi kestää kehon painon

Persikkapuu

Puussa, johon olin menossa hirttäytymään
kasvaa persikka

se on sillä oksalla, jonka oli määrä
ottaa painoni

Ei kahta satoa samana vuonna

Häpsynä silmässä, tuntuu

säikeenä hampaanvälissä
selän kutkana
häpsynä silmän päällä

ei jaksaisi syödä

Kun tulee kotiin, hangessa

ei kaksi kohtaa
kaksi kohtaa
poispäin

Hius

Poikki mennyt

hiussolki

kiinni pitävä voima

poissa

suortuvien alta

ei

suju hyvin

tukan takaa

eteen vaiko

taakse

päin

kellahtaminen

ovenkarmi lyö

eroon haluaa sekin

Jazzia

Leveä suu antoi tulla sielun täydeltä
ranskaa
tai ainakin särisi

käteni
oli nostamassa kuppia
ja unohtui siihen
ajatuksen korkeudelle

ympäristö pakeni
minä pakenin
leveä suu lauloi

jotenkin olisin minäkin halunnut, tulla, ilmaan,

äänenä

IV

Kyykkypäivä

Voimapäivä annettuna
ruutuvihko sinisiä ruutuja täynnä, tyhjänäkin
asennehanskoissa
kohta kahdeksan kuukauden hiet

leg press, squat
kyykkyyn tässä joutaakin
painot taakkaa kevyemmät
nousee ja hengittää

pakara piirtyy
trävänä housun reunaan
look my eyes are just holograms
olkavarresta nousee kaunis

joutsen

Yöltä suolattu

Vain kerran ihosi horteelta, paikka maailmassa

joku liikkuu huoneistossani
kylmii

ystävä neuvoo laita suolaa pielisiin,

kuolleiden surma

annan liikkujan liikkua, hyhmään sen ovelta,
kuperrun itseni kääröön

suolattu olkoon eloni

Vääriin paitoihin

Vääriin paitoihin itketyt nurinperinsurut
saumoihin huutavat volinatuhinakraaterit

kyynelkuritus, anteeksisurina, klimppi

ei meitä täällä olekaan,
vain olkapäätyynyjä

Viikon aloitus

Yksi lattialle valunut ihminen
saa soittaa
on lupa
kahvikuppineuroosi kännykkäaikaan
märät meikit

Hengitä,
huominen tulee ihan kohta

Yksi lattialle valunut ihminen
eteisessä
maanantaiaamun iltana kello kymmenen ja yksitoista

Lauluisa päivä

Hiestys kohti kipua,

virutun

Valkea langetus polvilumpion pyyhällys

koitos olla,

ollakin

froteesuudelma nyrkkikätkyt ilopainauman kuoppa

surunauruhumala

On lauluisa päivä

Teoksen nimi Eronneet

Kutitun, tulee tulva
kopistaa ihon kerroksissa,
vie

Liennyn laimeaksi velliksi,
laskeudun koloista orastavaan nurmeen
mudistun
kastelen maan

Sytinä

Sininen tie iholla, sytinä tehdä tai mennä tai olla
enemmän

synnistyä

synnistää

Onko minua jokin purrut

rupistus, rankan elämän iho, tai vasta tulossa
orvaskesäytyvä tuho

Laukkuun sullotut lateksit

huulikiilteeseen ajelehtineet hiusmastot

purjerengassilmät, taitokset vaatteissa

Tältä siis maistuvat teot

Kukaan

imin
tuli itku
puu heitteli vaatteitaan, sekin
käsi kulki ohi
ketä
mihin siinä luotti
kukin
kuka kehen
imin

Tuomiopäivä

Paperiliitin

tuomion kulmassa

eikö nitoa raskittu

Tarkistus somesta

ollaanko vielä kavereita

tai

connected

Seuraan sinua yksipuoleisesti

Aika kultaa muistot

parantaa

oi aikaa oi tapoja

aika paljon vaateita, aika!

Ajattomasti

palelen talvesta kesään

kuume kihisee keuhkoihin

Kurnau

Häntä tuuheena
    kohti
            Uusia

catwalk

Kujille ja takaisin

kermaa
        kissan naamalla

naukaisu

Pelsepup kansissa

Sitten se
kaikkein pahimman pelon kohtaaminen

Valokuvakansio

Salaman valkaisemat kasvot etelän matkalla
tuokin kamala pusero
olenko tuo silmiin tuijottelija minä
kyynärkoukkudrinkki

Kuluu kolme kuukautta
    Ei
Kuluu kuusi kuukautta
    Ei vieläkään

Vuosi ja varma ehkä

Köysiin

Jokin

on syvä ja musta

imee valon, sinutkin

Älä piirrä päälleni varjoa

älä määrittele mikä osa minusta

painaa eniten

En kaipaa irti

kiinni en pysy ellet sido

kun sallin sinun tulla

et mene

Menethän?

Ja mennessäsi sanot silmät puolikkaina

mandariineina

käyn vain hakemassa köysiä

I 1

Päivät, pilvet, yöt 1

Kauniit perheet 2

Piti 3

Kuolla voi niin monella tapaa 4

Se kenelle ei soiteta 6

Kihartuu 7

Lauseet, jotka alkavat Ja 8

Nilkat 10

Huopaus 12

Tikitiki 13

Pieni kuolema 14

Poistuma - Exit 15

II 16

The Family 16

Valuu korvista 17

Sanansaattajaeläin 18

Surun kielioppi 19

Pahveihin 20

Uloskaivautuminen 21

Lähtö 22

Jätesäkkikoti 23

Herääminen 24

Arjenjälkeinen Arki 25

Rannalle 26

Melkein nukuttu elämä 27

III 28

Eron lyriikka 28

Keskikesän juhla 29

Verkkojen pariutuminen 31

Burgundiveri 32

Hopean kiillotus 33

Aavistus 34

Ranneviiltoradioiltamat 35

Terminen talvi 36

Persikkapuu 37

Häpsynä silmässä, tuntuu 38

Hius 39

Jazzia 40

IV 41

Kyykkypäivä 41

Yöltä suolattu 42

Vääriin paitoihin 43

Viikon aloitus 44

Lauluisa päivä 45

Teoksen nimi Eronneet 46

Sytinä 47

Kukaan 48

Tuomiopäivä 49

Kurnau 50

Pelsepup kansissa 51

Köysiin 52